오늘은 어제의 내일

작가마을 시인선 74
오늘은 어제의 내일

ⓒ 2025 정보암

초판인쇄 | 2025년 11월 15일
초판발행 | 2025년 11월 21일

지 은 이 | 정보암
펴 낸 이 | 배재경
펴 낸 곳 | 도서출판 작가마을
등   록 | 제 2002-000012호
주   소 | 부산시 중구 대청로141번길 3, 501호(중앙동, 다온빌딩)
        T. 051)248-4145, 2598 F. 051)248-0743 E. seepoet@hanmail.net

ISBN 979-11-5606-294-3 03810 정가 12,000원

※ 이 책의 무단전재 및 복제행위는 저작권법에 의거, 처벌의 대상이 됩니다.
※ 본 도서는 2025년 경남문화예술진흥원의 문화예술지원을 보조받아 발간되었습니다.

작가마을 시인선 74

오늘은 어제의 내일

정보암 시집

도서출판
작가마을

저 하늘 별이 되어
반짝이는 님들께

○ 시인의 말

인도에서 파견 교원 마치고
건강 회복 겸
고개 너머 유명 작가의 소설을 읽었다

공기 같은 역사는 가슴을 훑고
단지 먼저 났단 이유로 풍파 맞은
임들의 가쁜 호흡 골목마다 퍼덕인다

죽어 이름을 남긴 사람도
이름 없이 스러져 간 사람도
어제의 내일 같은 오늘 살아냈으니
어둠 밝히는 별 되기에 충분하다

부족한 나의 서사는
뛰어난 한 소설가에서 출발해
밤하늘 별들이 빛나는 이유 가늠해 보았다.

- 광복 80년 늦가을
  금병산 노을구름 좋은 날
  정 보 암

차례 __ 정보암 시집

작가마을 시인선 ⓴

I 아버지의 독백

005 · 시인의 말

010 · 사랑을 놓친 딸에게
014 · 하자마 농장
016 · 횃불
018 · 철창
020 · 희망
024 · 야학
026 · 팍팍한 가슴
028 · 항심회
030 · 진영 형무소
032 · 편안한 구속
036 · 대한 광복 만세
038 · 혁명이 다가온다
040 · 귀향
042 · 다짐
044 · 정치
046 · 선배의 품격
048 · 불길
050 · 동문
052 · 상경
054 · 가을 추수
057 · 전쟁
060 · 진영의 별

오늘은 어제의 내일

062 · 추모
066 · 구세주
068 · 나의 사랑 나의 님
070 · 이산가족
072 · 재회

II 딸의 혼잣말

012 · 늦은 귀가
022 · 유학
031 · 친구에게
034 · 바깥양반
064 · 낙인
074 · 아버지
078 · 인민반과 보도연맹
080 · 나밭고개
082 · 설창고개
084 · 변덕
086 · 계란꽃 개망초
088 · 삼남 킬링 필드
090 · 토지개혁 농지개혁
092 · 사랑 어원 가설

차례 __ 정보암 시집

작가마을 시인선 74

Ⅲ 부녀의 대화

094 · 아버지의 우리말
095 · 기윽, 디읃, 시읏
096 · 아버지의 연인
099 · 동주길 걸으며
100 · 호모 미스티쿠스
102 · 아버지의 내자
104 · 민주에게
106 · 선택적 역사
108 · 세월의 세월은 보약
110 · 투석透析
112 · 아버지의 별
115 · 이주민 수로의 이상향
116 · 동경
118 · 침묵은 은, 웅변은 금
120 · 금시작비今是昨非
122 · 오늘은 어제의 내일

해설   세기의 서사시 / 조승래 · 126
발문   서정적 감성으로 역사적 교훈 담아 / 김광호 · 132
추천사 은유적 서사로 펼친 우리들의 이야기 / 심용주 · 134

I
아버지의 독백

사랑을 놓친 딸에게

민수가 헤어지자 했다고
방울방울 떨군 네 눈물 자국
아비 심장엔 소금가루 떨어지더라

실연도 유전인가
아비도 그런 적 있었지
세상이 깜깜해져 버리더군

그래도 민수는 착하구나
옥이랑 잠깐 사귀다
아니다 싶으면 다시 온다 했다지?

차갑게 앞날 자르지 않고
늘 변하는 사람 마음 아는 듯
네 기분마저 다독여주다니

얄밉긴 해도
속 깊은 것 같구나
놓친 고기는 커 보이는 법

안타깝지만 안 그런 척
그냥 하루하루 잘 지내다 보면
사람은 또 저절로 돌아오기도 하지

오늘 밤은 다 잊어버리고
한숨 푹 자려무나
내일 아침 밝은 해 뜰 거야.

늦은 귀가

아버지의 빛바랜 일지첩은
첫 장부터 눈동자를 적셨다

어릴 적 서울내기 생각난다
내 첫사랑 민수
난생처음 달콤한 아픔을 준 아이
사변 때 총 맞아 죽었단 말도 있고
슈샤인 보이 소문도 있었는데

아버지는 야음 틈타 들른 집에서
딸의 사랑통 엄마께 들었나 보다
이렇게 다정한 분이
가족을 팽개치고 월북이라니
한때는 참으로 원망스러웠다
연좌제가 목을 죌 때마다
억하심정 풍선처럼 부풀었지만
어쩌겠는가 숙명인 것을

전쟁 나던 해
사상 찾아 떠난 아버지는

너덜너덜한 유품 한 권으로
속초에서 이복동생 손 잡고
꿈처럼 시공 건너뛰어
늦은 귀가를 했다
엄마도 동생들도 없이 나만
상처 딱지 겨우 앉은 집에.

하자마 농장

결국은 먹는 것이다
굶주림 못 채우면
모든 것은 흰소리

먹어야 살 수 있다
먹어야 생명체다
먹고 지탱하는 건 본능

상인은 돈 먹고
농민은 농사를 먹는다
7할 도지는 죽으란 말

참다못해 들어 올린 손
떨릴 수밖에 없었으리
생사가 달린 문제니까

무라이든 하자마든
읍장이든 나랏님이든
당장 급한 건 밥이다

조선인 지주 홍조 어른은
흉년이라 오히려 깎아준다는데
하자마는 소작조차 몰수라니

물정 모르는 어린 내 맘도
이건 아니다 싶다
예부터 환곡제 왜 있었겠나

내지 반도 따질 거면
뭐 한다고 일한병합 했을꼬.

횃불

내지인 조선인 판이하게
도조 매기고 거기다
소작까지 떼어 버리는데
찍소리 한번 못하고
까부라질 사람 어디 있겠노

흉년 들면 임금님도
세금 줄여 달래 주었다
마당 매기 돌 짐에
물값 비료값 없다니
작인은 굶어 죽으란 말이냐

기가 찬 것은
오히려 소작료 인상 탄원서
농간 부렸던 놈이 마름이라니
벼룩의 간을 빼어 먹어라
이웃사촌도 모르는 거머리들

기생충 불태워 없애야지
마름집 사랑채 꼬시르고

시퍼런 삽날끼리 부딪치니
쪼그라진 마름 벌벌 떠는 꼬락서니
지주도 수긍이야 가는 모양이었다

하지만 피눈물 적셔 올린 햇불
한순간 어둠은 밀쳐 내었어도
영원한 빛 되기에는 부족한 모양
송진 가지는 근원적 한계를 지녔다.

철창

황국은 나날이 요란하다
세계가 공황으로 어렵다는데
만주국 세우고 지나도 호시탐탐

일선 동조론 앞세워
황국 신민 황도를 외쳤지만
내선일체는 빛 좋은 개살구
선인은 뛰어봤자 손바닥 안
조합에서 높은 자리는 일본인
개간지도 내지서 온 지주 몫

글 모르는 아재들은
소작으로 목숨만 연명할 뿐
먹고 사느라 코가 석 자인데
아이들 교육은 언감생심
동척 손바닥 못 벗어났다
조합 철망 넘을 수 없었다

비료 나오고 수리조합 생겼지만
작인에겐 부담금만 쌓이고

지주들 기름진 얼굴 돋울 뿐
철창 뜯을 힘 엄두도 못 냈다.

희망

배워야 산다
아는 것이 힘이다
나도 상급학교 진학하면서
이웃 볼 수 있었고 세상 알았다

금융조합 막내에게
농민들은 묻기조차 어려워한다
글자 모르는 죄인이라
납부금 이자 영문도 모른 채
억지 춘향이로 내거나
어린 내게 하소연하거나

한 줄기 빛 브나로드
민중 속으로 상록수처럼
농사도 배워야 잘 짓는다
산업도 알아야 잘 만든다
뭣이라도 알아야 발전이 있다

우리는 쉬운 한글 있으니
김해에 한글 선생님 많으니

조금만 노력하면 가능성 충분하다
매달 급료 받아 기생 치마폭 꽂지 말고
내 고장 들판에 브나로드 희망 꽂자.

유학

아하,
그래서 유학을 가셨구나
상고 나와 조합 직원 됐으면
당시로서는 상류층인데
더구나 새각시 달큰한 숨결
신혼에 날 새는 줄 몰랐을 텐데

홀연 연락선을 타고 떠났단다
물려받은 봉천답 서 마지기 팔아
어린 각시 쌀 한 섬 넣어 주고
훌쩍 마실가듯 사라졌단다
유학 내내 한 줄 소식 없이

작년 가을 느닷없이 출현한
자칭 이복동생이 내민
메모처럼 엮은 글 속 아버지는
상과나 법과를 선택하지 않고
문예 공부를 하셨던 모양이다

노동자 농민에 진심이고

조선 혁명 꿈꾸었다면
상과나 법과 쪽일 텐데
브나로드 상록수 영향이었나
아니면 식민지 조선의 한계였었나.

야학

철하 조합 창고 빌려
동네 아이들 모았다
낮에는 농사 도와야 하니
밤에 학당을 열었다

어른도 드문드문 보이는 자리
배움 향한 열의 창고가 후끈하다
칠판에 쓴 '배워야 산다'
땅바닥 앉은 입들이 함께 소리 낸다
배워야 산다!

순사들 수시로 기웃대고
유지들 표정 게슴츠레하지만
아이들은 피곤도 잊은 모양
신작로 간판을 읽게 되면서
연신 끄덕이는 고개 고맙다

한글은 세종이 주신 최고 선물
일본은 갖고 싶어도 못 갖는 보물
김해 한글학자들 높은 뜻 알기에

한글 공부 열정 더욱 쏟아부었다

글자 깨치고 책 읽어
소련 혁명 성공담 알게 되면
새벽은 더 일찍 오겠지
조선의 케케묵은 관습
엉터리 병합 보는 눈 변하겠지

하지만 진영 주재소
기어이 불령선인 들먹거린다
한글 배워야 작농법 읽을 수 있고
단감 재배법도 제대로 배우며
글 읽어야 쌀 증산 높인다 설득해도
한뫼 선생 사건에 상부 닦달 힘들다며
폐쇄령 으름장만 연신 놓아댔다.

팍팍한 가슴

요시찰 인물 쫓기듯 떠나면서
백 선생 동행했다
무턱대고 따라붙는 황소고집
뿌리칠 수 없었다
애초에 창가 선생 야학 동참
나를 향한 연정 앞섰으니까

읍내 사람들 수군거림
뒷덜미를 타고 오른다
어머니의 어이없다는 표정
무뚝뚝한 내자의 강짜 철벽같았지만
백 선생님 매몰차게 보낼 수 없었다

이혼 요구에도 묵묵부답 집사람
억지 혼약 부모님 못마땅했지만
잘 사는 모습 보여드리고도 싶었다
하지만 생각처럼 되지 않았다

마음 한구석 무거운 짐 잊기 위해
나는 부산에서 독서동지회 도맡았다

상부의 지침, 발간지 함께 읽으며
동지들의 노고와 불만 꿈
함께 나누고 펼치느라 하루가 짧았다

와중에 스치는 풍문
진영 어머니, 동생, 아내
불온사상범 정기영의 거처 대라고
주재소 사흘 멀다며 불려 가
오뉴월 개 맞듯 몽둥이질 당하고
만신창이 돼 쓰러졌단 말
자다가도 벌떡 일어나 앉게 했다

영토 확장에 혈안 되어
부딪치는 나라마다 전쟁 일으키는
일선동조 야마토 무리들
오르막 있으면 내리막 있다던데
언제쯤이 그날일지 가슴 꽉꽉하다.

항심회

경남 전력증강 국방경기대회
부산시 공설운동장 열릴 때
황군 대좌 일본 학교 봐주기에
조선 학생들 일장기 거부하고
아리랑 부르며 노다이 습격했다

눈앞에서 불공정 목격 학생들
일본놈 물러가라 소리 질렀다니
뒤에 난 뿔 야무지구나
그 마음이 바로 항심 독서회
조선 청년 독립당으로 뭉쳤다

경남의 학생 기개가 나부껴
우리도 고무되어 마음 설레었다
먼지 낀 방직공장, 인쇄소
해풍 몰아치는 부둣가
일하고도 품삯 못 받아
언 손에 발 구르는 어린 동지들

함께 울이 되고

함께 파도 헤쳐나가자 마음 모은다
순사 끄나풀들은 오늘도 서성거렸다
쌍심지 켜고 주변 감시하는 짓
아무래도 수상쩍다 무슨 이유일까
항만 노동자 훑는 눈 예사롭지 않다

날이 갈수록 독서회의 야학
교육 내용 시비가 거칠다
조선인 자발적 지원이며
문맹 퇴치 봉사라 해도
막무가내 꼬투리 물고 늘어진다
전국적 불령선인 시찰 강화
동지들 항심 진전 만만치 않았다.

진영 형무소

조선인 부역이 만든 부산형무소
김해 사람 반이고
진영 사람 또 반인 곳에
꺼진 횃불들 묶여 갔다

반골 마을이라
멸칭하는 이들은
공장 드문 진영벌 소작인
몰라서 하는 소리다

목구멍이 포도청
볏섬 강탈에 맞선다고
강골로 갈라칠 순 없지
처자식 꺼진 배 차마 못 볼 뿐

지주는 수리조합 고지서 떠밀고
마름은 어린 딸 철마다 훔쳐본다
엉겁결에 끌려온 기막힌 사연
공굴 벽 손톱자국
가슴 깊이 후벼든다.

친구에게

개천에서 용 나도
이무기 미꾸리들
잊지 않는 마음

개구리 되어도
웅덩이 몰려다니던
올챙이 기억하는 마음

그리하여
아랫돌 널찍해야
높은 탑 올리고

골이 깊어야
뭇 생명 모인다는
옛말 올곧게 실천하는

그런 사람이면 좋겠다
너와 나 씨줄 날줄로
그렇게 한 폭 짰으면 좋겠다.

편안한 구속

결국 동지 둘과 함께 나는
특고과 불심검문 걸렸다
1부두 화물 선적하던 중
쑥 들이미는 칼끝에 목젖이 서늘
내지어 능통마저 죄목이었다

다음 날로 진영 가족
필시 주재소 닦달 홍역 치렀겠지
어머닌 울음마저 잠겼을 테고
내자의 남편 원망 뽀드득 울렸겠군
주소나 일터 아예 알리지 않아
죄다 불고 나올 수도 없었으리라

진영 서재 헤집고 건져낸
마르크스 책자 물증에
비전향 괘씸죄 가중하고
태평양노동조합 탈법 의심
진영 수리조합 공금횡령으로
나는 삼 년형 선고받아
진영인 제2의 고향 부산형무소

싸늘한 사각 시멘트에 입주했다

발 얼고 무릎 쓰려도
우리 동네 선각자 사상가
제집 드나들 듯 했다는 곳
이상하게 낯익고 마음 편했다

재판장서 일황 반박하고
대동아전쟁 필패 외치고
무력이 앞서면 무력으로 망한다
조선의 격언 최후 진술했으니
왜놈 법정이지만 반분은 푼 셈이다.

바깥양반

유학에서 돌아온 아버지는
제일 먼저 야학을 세웠다
글자를 가르치고 창가도 불렀다

주재소 훼방에 일 년을 못 넘기고
부산으로 임시 피신했다는데
아버지는 희한하게도 창가 선생과
거기에서 딴 살림을 내었단다
내가 태어나기 두어 달 전쯤이다

사실 아버지는 야학보다
나의 탄생 먼저 시작한 셈이지만
그 시절 조선에 자식은 후순위
부모 강권에 혼인한 아내
이혼 말 오가다 사단이 난 것이다

영웅호색이란 말 무색하게
어려운 시절 여자 들인 것도 별났지만
부산 부둣가 노동자들 함께 책 읽고
평등한 세상, 인민들의 낙원 혁명

수상한 말들을 한다는 소문 돌았다

나중에는 특무과 순사에게 걸려
부산형무소 물고문 전기고문
몰골이 완전 망가졌다는 소식 들렸고
삼 년형 감옥살이 받았다는 재판 통지서

떠듬떠듬 설명해 주는 고모 말에
어머니는 눈물만 하염없이 흘렸었단다
도대체 속을 알 수 없는 바깥양반
무슨 일로 받은 벌인지 상세히는 모르지만
그래도 서방님 걱정 앞섰던 모양이었다.

대한 광복 만세

45년 8월 15일 정오
천황의 떨리는 종전 조서
무조건 항복 온 누리 퍼졌다
믿을 수 없었네
꿈결 같은 단파의 반향

진영 장터 장꾼들
긴가민가 의심했다는군
방송 밀청 놈들의 함정이겠거니
불온사상범 검거용 올가미인가
기웃기웃 멀찍이 떨어져 섰다가

다음날에야 목청껏 외쳤단다
대한 독립 만세!
조선 독립 만만세!
되찾은 빛 두 손으로 맞았다
왜놈 총칼 없는 날 마침내 왔다

일본사람 죽이자는 구호
친일분자 처단 주장 있었지만

인민위원회는 복수보다 질서 강조해
우리 경남도 재빠르게 움직였다
순사, 마름들은 죽은 듯이 엎드렸다

독립보다는 광복이겠지
조선독립 아니고 대한 광복
반만년 역사에 식민은 순간
마침내 대한 광복 만세구나
부산, 진영 노농 인민도 만세로구나.

혁명이 다가온다

형무소 문도 다음 날에야 열렸다
얼빠진 형무관 내빼기 바빠
조선인 급사 부랴부랴 자물통 열었다

삐걱이는 철문 사이 밀물 같은 햇살
조선 독립 만세가 일제히 터져 나왔다
뺨을 타고 내리는 눈물 멈출 수 없었다

동지로서 연정 맺힌 백미영 선생
부친이 데려갔단 말 뼈를 때렸지만
나는 제1부두 바로 달려가
항심회 동지 간절했던 꿈 다잡고
서울 공산당 재건위원회도 참석했다

진영의 지조 높은 김 선배님 조언에
대창학교 동기 택이의 후원금 더하면
내가 속한 경남 사업 탄탄해질 것 같았다

며칠 안 되는 서울 방문
정세는 시시각각 요동치고

문제는 미군정 태도가 아닐까 싶다

박헌영 동지 생각이 곧 내 생각
8월 강령 역시 민중 중심 민주주의
꿈에서나 볼 수 있던 혁명의 순간
간절한 가슴 따라 뚜벅뚜벅 오고 있다.

귀향

9월 들어 진영역 내리니
나는 이미 유명한 독립투사였다
남 못 가는 학교 다니며
엉뚱한 사상 물들어 버렸다며
걱정 반 비아냥 반이던 어르신들
모두 양손 벌려 반겨 주었다
예상치 못한 환대요 칭송이다

어머니는 눈물로 내 가슴 치신다
집사람에게서 선경이 받아
몰라보게 자란 딸아이
번쩍 들어 올려 본다
날 닮았으면 좋으련만
외탁해 거무데데했지만
고운 이 활짝 핀 웃음 예뻤다
선 얼굴 낯가림도 안 하고

내 아이가 맞이할 세상은
이처럼 밝게 웃으며
자유롭게 꿈을 펼치는 사회

양반 상놈
지주 작인이란 말 아예 없는
형평의 나라였으면 좋겠다

독립은 꿈을 위한 중간 지점
비록 안 의사만큼은 아니지만
독립투사 말석이라도 얻었으니
이제는 혁명 투사 될 시간
노서아의 이상 조선에 꽃피울 때다.

다짐

혁명은 사상 교육의 열매
내가 무지에서 벗어났던 것처럼
배워야 자신의 사상 심을 수 있다

진영 유지들 반응이 좋아
공청 조직도 문제 될 게 없었다
유복한 친구들 부산 공청까지 돕겠다니
기꺼이 마금산 온천 동행해
새벽까지 해방 조선 안주 삼았다

경남 공청 지역별로 조직되면서
다녀야 할 곳도 많아졌다
마산, 창원, 밀양 등 군 단위도
농민 최저 생활 국가 보장에
빈농층 호응도가 엄청나다
토지 공평분배 귀를 쫑긋 세웠다

다가올 세상은 조선왕조도 일제도 아닌
새로운 사회라고 강연마다 부르짖었다
그런 나라 앞당기려면

각자가 글자도 배우고 책을 읽으며
마음속으로 단단히 준비를 해야 된다
혼자서 힘들면 전농이든 전평이든 가입해
사상을 스스로 가꿔야 한다고 다짐받았다.

정치

나는 정치를 잘 모른다
옛날 서당에서 천자문 외울 때
정政은 무리를 다스리는 모습이고
치治는 물길을 잡는다는 뜻이라는
글자의 어원 정도만 알 뿐

그때 훈장 선생님은
정치의 대상이 되는 민民이란
원래 눈이 멀고
어리석은 사람이라고
알 듯 말 듯 한 풀이해 주셨다

자라면서 막연한 꿈 그렸다
눈멀고 어리석은 백성
왕이 은혜처럼 베푸는 정치 아니라
눈 밝히고 현명한 사람들이
함께 가꾸고 꽃피우는 나라

양반 상놈 구분 없고
소작 지주 차별 없이

같이 배부르고 같이 행복하게
일제에 저당 잡힌 자유 되찾아
모두 활짝 웃는 꽃밭 만드는 꿈.

선배의 품격

조합뜰 가득 우렁찬 목소리
맑은 눈에는 열정이 쏟아진다
연희를 일등 졸업하고
내지 유학까지 다녀오신 분
진영 인민 깨우치기 위해
흙벽돌 교실 쌓으시다 강연 오셨다

여러분 배워야 삽니다
아이들은 배움이 먼저입니다
농사도 알아야 잘 지을 수 있고
장사를 해도 배워야 잘합니다
혼자서는 힘드니 공청에 들고
학교도 틈나는 대로 다니세요

마산상업 선배가 자랑스럽다
금융조합 일해 본 경험도 같아
더욱 친근감이 느껴졌다
그 역시 조합에서 알았을 것이다
농민 노동자 구조적 한계
일제가 긋는 근본적 갈라치기

예수교 잘 모르지만
언제나 교육이 먼저라고
학교 만들겠다며 애쓰는 진심
참된 품격으로 가슴을 울린다
한뫼나 김정태 선생 못지않게
내게는 현장에서 얻는 깨우침이다

아내 오 선생님과
다정히 일하는 모습도 보기 좋다
동지로서 배우자로서 서로 의지해
교육의 꿈 흙벽돌 차곡차곡
웃으며 쌓아 올리니
진영 전체가 환한 기분이다.

불길

천형 바로잡기
쉬운 일 아니기에
우리는 혁명을 택했다
그리고 마침내 알렸다
혁명으로 들어가는 문은
'새생명 탄생 산파의 폭력'

날이 밝아지면서 우리는
혁명의 허물 정리하고
공장을 노동자에게
논밭을 농민에게 외치며
인민의 요구 펼쳐 보였다
인민이 행하는 재판은
악질 지주 증명하고 싶었다
군정에 경찰에 수리조합에
올바른 방향 제시하고 싶었다

그러나 군경은 기다리지 않았다
수류탄 던져 펼침막 찢어발기고
외곽에서 총탄으로 조여 들었다

〉
어둠 속 밝힌 혁명
솟아오르는 햇살 함께 손잡고
인민의 꿈 그리기도 전
무장한 미군과 경찰은
진영별 순식간에 뭉개 버렸다
산에서 지원 나온 전사 별 수 없고
산파의 폭력 놀란 인민은
군경을 내심 환영하는 눈치였다

인민의 소망 횃불로 지펴 보았지만
불길은 이내 시름시름 잦아들고 말았다.

동문

상업학교, 금융조합 선배
강성갑 교장 목사님
일본 유학까지 마치고
우리 마을 진영 시골
교육으로 하느님 증명하겠다며
진흙에 짚 섞어 벽돌 교실 짓고
새벽마다 일어나 운동장 만드신다

계몽과 노작 감명돼
공청 회원들 달려가 협력하지만
죽었던 예수가 부활하고
저 파란 하늘 천국 있다는 건
도무지 공감 가지 않는다

그래도 우린 끈끈한 선후배
이 땅에 천국 만들 생각 같으니
사회주의와 예수교 통하기도 하네

도시샤대학 마치고 귀국할 때
밤새 이별 눈물 흘렸다는 연희의 후배

관동군 마루타 희생 소식에
비통해하던 절규 아직도 선하다

'배워야 산다
배워서 키운 힘이
나를 살리고 민족도 지킨다'

우리 마을 보배
같은 문 나온 사람
그분이 있어 정말 고맙다.

상경

진영이 비록 고향이지만
이미 싸늘한 화살촉 내 가슴 겨눠
서울로 옮겨갈 수밖에 없었다
그리고 민애청 사업을 맡았다

단독정부 수립 후
보안법 나오면서
화살촉 조심조심 만남 피하고
사회사업도 신중히 추진했지만

박헌영 동지 북조선 피신하고
단체는 선거 후유증이 깊은데
무엇보다 전쟁설이 나돌아
잠 못 드는 밤이 많아졌다

전쟁이 나면 남조선 인민
과연 열렬히 환영해 줄까
북쪽 동지들 확신한다지만
적어도 고향땅 진영은 아니다

보도연맹 대대적으로 조직해
남로당원 사회주의자 전원 등록
사이렌 수시로 울리고 소집해
사상 교육 검속이 사뭇 엄중하다

무엇보다 남쪽 농민은
이제 더이상 소작인 아니다
자영농이다
농지가 자기 것이다
가을 추수 항쟁 때 무상몰수
인민의 횃불 불똥 튈까 봐
사람들 신경 매우 날카로웠다

옛날 '네 죄를 네가 알렸다'식
인민재판 고개 내젓는 모습
일제를 거부하면서도
법률책 펼치고 판결하는 과정
이염된 아이러니가 현실이다.

가을 추수

생산 시설은 노동자
토지는 농민에게!
우리는 신작로를 달렸다
청명한 꿈도 함께 달린다

낙동강 잉태한 김해평야
진영은 평야의 알짜배기
범람에 퇴적된 기름진 땅
농사 잘되고 따뜻해
작인들 해마다 붙었지만

토지조사 동척 환수
빛 좋은 개살구에
소작농 천형 같은 굴레
마침내 해방 맞아
천형 벗어나길 원했지만
정치는 더 꼬여 들었다

해방 이듬해 가을
흉년과 콜레라에

미곡수집령 뒤섞이면서
추수는 추풍낙엽 되고
절망과 탄식만이 거리 덮었다

진영에도 낙담한 잎새
장터거리 이리저리 쓸리다
이윽고 어둠 깔리면서
억눌렸던 분노 솟구쳐
징검징검 불길 날아다녔다

불티는 지서 조합창고 지나
물통걸 마름 가리지 않더니
잠든 양민들 초가에 떨어지면서
그렇게 '지양' 했던 불상사는
대구 봉기와 같은 궤 밟아 버렸다

추수철
열망으로 쏘아 올린 불화살
인민의 가슴 희망으로 타오르길 바랐지만
정작 거두어들인 것은

과녁 주변 무수히 떨어진
싸늘한 화살촉뿐이었다.

전쟁

결국 터지고 말았다
에치슨 선언 고무된 북조선
진정한 민족해방의 길 나섰다

그러나 나는
잠 못 이루는 날 보내면서
전쟁은 아닌데… 라는 생각이었다

같은 민족 죽이면서
구하겠다는 민족해방 지극히 모순
어제까지 부모형제 친구 동료
억지 삼팔선으로 갈렸다고
피아 나누어 총구 겨누다니
과연 누구를 위한 전쟁인가

서대문형무소서 소식 들을 때
탈옥의 기쁨보다는 오히려
민족의 살상 피비린내
코를 파고 위장 뒤집는 니글거림
'단 한 번의 폭력'으로 겨우 진정시켰다

〉
국군은 국방장관의 큰소리에도
속절없이 남으로 후퇴했다
대통령 밤새 서울을 떠나고
한강 철교는 폭파되었다고 한다
피란길 나선 인민들 목숨
덩달아 폭파되는 것 같아 아찔했다

나는 서대문에서 나와
사흘 만에 서울을 접수한
인민군 맞이에 여념이 없었다
손 놓은 소설 한 구절은커녕
메모 형태의 일지도 힘들다

택이네 고물상에 식솔 부탁하고
서울 인민위 해방구 사업을 받았다
재정경리부도 관여하게 됐지만
오히려 식구들 주린 배가 걱정거리
이미 시작된 전쟁 신속 종결이 해결책이다

모두 힘들지만 전쟁터 전사들만 하랴
길거리 뒹구는 굶주린 난민만 하랴
보리 한 줌 훔치다
매 맞는 아이 울음소리 넘쳐나니
오직 위안 삼고 혁명의 길 매진이다.

진영의 별

고향의 어처구니없는 총소리
전쟁의 소란에서도 서울까지 들렸다
강 선배가 빨갱이로 연행돼
수산다리 밑에서 살해당했다
단감 부자 최 이사장도 함께였는데
갑시 어르신 용케 살아남아
비로소 세상에 알려졌단다

진영 지서장 늘 강 목사가 거슬렸지
구제품 가로챘다 공공연히 꾸짖고
양곡 도정 부정한 짓 밝혀내며
안창득 선거도 도우니 그야말로 눈엣가시
학도병 지원 공문 반응 없다며
급기야 보도연맹 검속령 엮었다

자신의 가슴에 총구 겨눠도
주여, 이들을 용서하소서 기도했다니
과연 진영의 큰 별이다

나 역시 서울로 솔가 않았다면

선배보다 먼저 황천길 갔으리
어제는 항일 독립 투사였지만
오늘은 자본주의 고향에 이방인
죽어 캄캄한 구천 어디쯤 떠돌려나

김해에 애국자 많고
진영에 별 많다지만
강 선배는 별 중의 별 일등성이다
연희 동문 뛰어난 인물 가운데
강성갑이 제일이라던 말 생각난다

일본 신학대 유학 목사님
빨갱이라니 누가 믿을까
밤새 추모의 촛불 밝혀도
누명 쓴 혼백 억장 무너져
저승길 어이 떠나시려나.

추모

비슷한 나이 신학문 유학
동종의 직장도 유별하지만
특히 기억되는 선배의 노작교육

조선 양반은 책상물림 태반
늘어나는 고등 한량 세태 걱정하며
이 땅에 그리스도 이상 심으신 분

상업학교 졸업하고
연희 거쳐 도시샤대학 안수목사
그런 분이 목회 마다하고

진영 시골 사람들 위해
사방팔방 뛰어다니며
흙벽돌 찍어 교실 만들었는데

지서 주임 자신의 비리 덮으려
빨갱이로 투망 던졌다니
나였어도 빠져나오지 못했으리

일촉즉발 죽음 앞에서
눈앞 아득하고 숨쉬기도 힘들 텐데
의연히 기도까지 올리셨다는

선배님 부디 영면하소서
원대한 꿈 허무하게 수장됐어도
남기신 발자취 이미 크고 깊어
방방곡곡 조선의 큰 스승입니다.

낙인

강 목사님은 아버지와
두 살 많은 상업학교 선후배
혁명 투사의 눈에도
큰사랑 봉사 정신 빛났던 모양

강 목사님 아내 역시 한얼의 교사
학생들 창가 가르치고 끼니도 챙기셨다
평상복으로 결혼식 올려
서로 동지 같은 부부애로
무지렁이 진영 위해
예수 가르침 실천 위해
한얼 정신 차곡차곡 쌓으신 분

막내 겨우 아빠 얼굴 알만할 때
여교사 성폭행 피의자 지서 주임
목사님을 빨갱이로 몰아갔네
범죄 행각 들통날까 총부터 쐈네
노동 중시 교육했다고
협동하자며 조합 만들었다고
교장과 사환 급여 같다고

트집 잡아 생명까지 빼앗다니
어처구니없다는 말도 부족하다

이웃 먼저 챙기면 빨갱이인가
마을 송덕비 주인공들
부처 예수 공자
가뭄에 곳간 연 최부자도

빨갱이 낙인찍으면
빨갱이 됐을 것이다
그 시절
그래서 더 무서웠던 것이다.

구세주

선배는 구세주 아니었을까?
사회주의는 종교를 아편쯤 본다
피의 일요일
똑같이 러시아 정교 숭배하는데
지배층만 은총 내리고
인민은 학살당해도 내버려둔다면
아편 안 맞고서야 믿으랴 싶었는데
가만히 기억 더듬어보니
우리 앞의 구세주
그 옛날처럼 나도 몰라본 것 아닐까

그는 자신에게 총 들이댄
원수를 위해 기도까지 했다
주여 이들은 죄가 없나이다
불쌍히 여겨 용서해 주소서
예수 비슷한 나이에
예수 같은 사랑 이 땅 베풀고
예수처럼 억울한 처형 받았다

자신도 교인이니 목사라 부르며

잘 따랐다던 동지사 대학 후배
옥사 탄식하며 눈물 쏟을 때
일본 기독교인들 어찌 보였을까
마음속 의문이 있었는데
그 눈물 더욱 시대의 구세주 같다

인류와 함께했다는 종교
선배가 죽음까지 함께한 기독교
내 마음속 사회주의일지 모르겠다.

나의 사랑 나의 님

영희 아버지~
저 하늘 별빛 되어 반짝이는
당신 아른거려 고즈넉이 불러봅니다

값지게 이룬다는 이름으로
가르침의 사역 먼저 실천하신 분

커다란 교회, 대학교수 사임하고
진영 좁은 골목 굳이 헤쳐간 님

하늘의 뜻 땅에서도 이루도록
열심히 일하고 가르쳤을 뿐인데

색바랜 이념 휘어진 총부리가
내 사랑 천 갈래 만 갈래 찢다니요

청춘의 대속 영원히 부활한 분처럼
꽃다운 희생 진영의 밤길 밝히소서

빨갱이 노랭이 모두 귀한 동지라며

한얼 깃발 아래 잘살아 보자던 당신

물길 변하고 지도 또한 바뀌겠지만
닦으신 복음 골마다 메아리칠 거예요

밤하늘 쉼 없이 반짝이는 당신
얼굴도 모르는 막내 부여잡고
젖은 그리움 남몰래 띄워봅니다.

이산가족

20만 남로당 어디 있는가
그렇게 외쳤던 인민 봉기는
전쟁이 해를 넘겨도 없었다
자발적 봉기 기다리던 해방군은
낙동강 전선에 사활 걸었지만
유엔군 들어오면서 불리해졌다
인천상륙작전 겹치면서
본부는 삽시간에 뒤숭숭했다

작전상 후퇴 사업 처리하면서
내자에게 신신당부 했었다
무슨 일 있어도 고물상 반지하 기다려라
반드시 찾아와서 함께 가겠다
겁에 질린 아내는 고개만 끄덕였다
경이에게도 따로 다짐을 받았다

하지만 식솔은 없었다
절망적 상황 가까스로 지프차 구해
달려갔건만 온데간데없었다
분명히 기다린다 했는데 어딜 갔을까

폭격 맞은 흔적도 없는데…

해 바뀌고 서울 재접수 때
가족 다시 수소문해 보니
그때 꼭꼭 숨어 날 기다리다
해방군은 북쪽으로 달아나고
연합군 들이닥친다는 소리에
진영 고향으로 돌아갔단다

답답하고 무표정했지만
그래도 아이 엄마라 믿었는데
아이들한테도 신신당부했건만
정작 나는 믿음 못 얻은 것
마침내 이산가족 귀결되었다
아,
나는 지금껏 무엇으로 살았나.

재회

서울 다시 해방하고
화진포 출장 가던 길
운명처럼 맞닥뜨린
창가 선생 백미영 선생님
속초 시내 국숫집 들어가다 마주친
머릿수건 속 얼굴 깜짝 놀랐었다

그녀는 한참 엷은 미소만 짓더니
마침내 기억의 실마리 찾아냈다
당황스러웠지만 머리 다쳤단 말에
그나마 다행이라 여겼다

이틀 출장 하루 더 연장해
사흘 날밤 함께 꿈을 품었다
예전같이 재기 넘친 처자 아니고
왼 다리마저 조금 절었지만
거친 갯바위 생명 던진 것 비하면
목숨 부지 천지신명께 감사할 일

길 가다 구해준 어부 각시 돼

시어머니 가게 국수 삶아 내던 중
남편 낙동강 전선 산화 소식 듣고
두통 더 심해졌다며 흘리는 눈물
어떤 말로도 달래 줄 수 없을듯했다
아내와 자식이 기다리지 못하고
남녘으로 떠난 사람보다는 낫다며
위로인지 하소연인지 함께 울었다

백 선생은 무슨 일 있어도 기다려요
못 끝낸 이혼 도장 마음속에 찍고
나는 청혼하듯 새끼가락 걸었다
혁명 완성되면 쪽빛 속초에서
조래기 가득 행복 따서 담읍시다.

아버지

낡은 서책 덮으며
잠시 아버지 떠올려 본다

얼굴조차 제대로 기억 못 하면서
남들처럼 잘 먹이지 않고
남들만큼 공부도 안 시켰다고
무엇보다
왜 하필 월북 빨갱이가 돼
가족 힘들게 했는지만 원망했는데

'사랑을 놓친 딸에게'란 장이
첫 페이지인 것 보고 눈물 먼저 쏟아졌다
일지의 사건들 대부분 시간순이지만
날짜 뛰어 넘어 맨 앞에 둔 것은
먼 후일 딸이 볼 날 기약한 간절한 희망

답답하고 어두운 아내 무표정
한사코 거부해 도장 기어이 찍고
단발머리 양장 신여성 맞겠다며
자식들 고아원 보내지 않은 것만 해도 *

지금 와서 보면 감지덕지할 일이다

아버지가 받았을 배반의 감정
얼마나 컸을까
얼마나 힘들었을까

'불쌍하신 아버지,
인민을 위해 전쟁 한 가운데 섰지만
그 때문에 가장 가까운 인민 이산하고
종전 후 속초 위쪽 뒤틀린 휴전선에
운명처럼 재회한 연인마저 격리당해
작별의 인사도 못 하고 떠나셨군요'

그러니까 아버지의 평생은
노심과 초사, 가스처럼 뒤섞여
밤하늘 별이 되는 과정이었다
이름 석 자 빨간 점 많이 찍혀
적색왜성 지혜처럼 반짝이는 별.

작가마을
시인선
074

―

오늘은 어제의 내일

정보암

II
딸의 혼잣말

인민반과 보도연맹

일제가 만든 치안유지법
안정된 사회 유지하려는 목적의 법
제국주의 식민지 안착시키기 위해
체제 바꾸려는 독립군 불령선인
생각마저 예측해 미리 잡겠다는 법

무능하고 부패한 황제 몰아내고
공화국 세운 10월 혁명 따라
이 땅의 애국투사 고군 분투할 때
이름에 빨간 점 찍어 사찰한 법
독립의 꿈 뿌리부터 뭉갠 무소불위

38선 갈라진 반도 치안유지법 모태로
북은 사회주의 체제 유지 위해
보안법, 인민반 조직 만들고
남은 자본주의 체제 유지 위해
국가보안법, 보도연맹 만들었다

북은 정치보위 인민보안의 비밀 경찰
은밀히 조직해 주민 감시와 통제

남은 좌우익 합작 통합 추진했지만
여운형 암살과 남로당 폭동, 여순사건에
국민보도연맹 조직해 수시로 예비검속

북한은 사상투쟁
비판생활총화로 세뇌 사업 주력하고
남한은 전향자 검속
반공을 통한 정체성 우선 내세워
한 뿌리서 났어도 생김새는 달랐다

북은 사람 옥죄는 불신과 감시
남은,
보호와 계도가 출발선이었지만
불행히도 전쟁이 만든 낭떠러지
가는 길마다 무수히 맞닥뜨렸다.

나밭고개

망자의 천년 유택이라
하필 나밭고개였을까
얕은 골 슬픔 점점이
선홍 무릇꽃 묶언 중이다

보리 한 되 준다는 말에
아버지 따라나선 큰형
보도연맹 뜻도 모른 채
일제 99식 관통되었네

총소리 함께 솟구쳐 엎어진
혼백 위 또 포개진 절망
바로 한 발 옆 국도 58번
무연히 포장돼 줄행랑인데

아들 좋아하던 정구지 무침
그날 이후 먹지 않은 할머니
나밭 밤새 찾아 헤매던 이름
치매로도 못 지운 그리움

나는 오늘도 뿌리 깊은 슬픔
붉게 꽃피운 무릇 사이
기록 안 된 촌부의 기억
한 점 묵언 귀 기울인다.

설창고개

낙동강 기름진 삼각주
곡식 쌓던 세곡창 설창
보도연맹 족쇄 창고였다
한 맺힌 눈물 창고 되었다

인민군 탱크 밀고 오면서
다급한 군경 삼남 예비검속
뒤뚱대는 트럭 먼지 두르고
철사줄 묶어 골골이 밀었다

오죽하면 골로 갔단 말 있을꼬
4·19 혁명 양민학살 조사위
삼백 신위 합동분 추모했지만
군사 쿠데타 비석마저 부숴 버렸다

김해 만세운동 자랑스런 아버지
백범과의 친분 미운털 모함에
경찰 총 맞아 죽은 한 위로했다고
아들 반국가 죄목에 징역 보내다니

김해 · 창원 희생자 삼백 혼령
육군 포클레인 파 버린 추모터
오늘은 무심한 고철 비철 공장
진영역 고속철 바람같이 멀어진다.

변덕

나라가 죄 없고 힘없는 사람
두 번 죽인 거라
그거이 더 원통하제

해방되고 농지 준다 해서
남로당 지장 찍었고
보도연맹 들면 혜택 많대서
역시 지장 찍은 건데

밤새 트럭 태워 가지고
쥐도 새도 모르게 쏴 버려
4 · 19 되면서
아버지 형님 시신 찾아
합동분 위령비 만든 게 전분데

다음 해 군인들
새벽에 포클레인으로 후벼파
유골 흩어 버리고
방첩대는 마누라 자식 잡아가서
몽둥이로 개 잡듯 찜질했으니

〉
골병든 사람들
가슴 속 병 깊어
편한 여생 살 수 없었지
세상에 우리가
나라를 위태롭게 했다니
그럴만한 힘 차라리 있으면 좋겠다
그래서 우리는 나라 안 믿는다
그 변덕에 애먼 놈만 작살났던 것이제.

계란꽃 개망초

나라 없는 설움 망초도 과분해
겨우 이름 얻은 개망초

손 뒤로 묶여 구릉 세워져도
멈출 수 없었던 애절한 기원

카빈 총탄에 발기발기 찢기고
이 골 저 골 한처럼 피었구나
새하얗게 질린 꽃잎 숨어

매미 소리 소나기처럼 쏟아져
습기 자욱한 매장터 괴괴한데
부끄럽게도 나는 눈물만 훔친다

역사는 기록자 옆에 머물고
기억은 잡초마냥 질기게 피는가

쌀 바가지 욕심에 서명한
울 아재 좋아했던 계란 닮아
더욱 가슴 아린 개망초

〉

물보다 진한 것이 피
피보다 진한 게 사상이라지만
한 시절 지나면 뜬구름
목숨 앞에 무엇이 더 진하랴.

삼남 킬링 필드

불과 50년 전
아름다운 앙코르 문화 캄보디아
피의 킬링 필드 번져 나갔다
모든 지식인 종교인
심지어 안경 착용한 이유로
잡혀가고 고문받고 살해당했다

극단적 농업 사회주의 수립 위해
진영 전체 인구의 60배 삼백만
집단농장 일하다 병들면 총 맞았다
정권이 꿈꾸는 세계 최고 사회주의
그릇된 집념이 낳은 세계 최악 참상

크메르 루주의 망상 30년 전
한반도 남쪽도 같은 일 있었다
가난한 사람 쌀 나눠주자 했다고
협동조합으로 함께 잘 살자 했다고
공평한 세상 만들자 했다고
보도연맹 지장 받아 봉인해
삼남에 킬링 필드 불도저 밀었다

쌀 나눠 먹자는 구호 똑같건만
어떨 땐 애국자
어떨 땐 빨갱이라니
이 무슨 귀신 씻나락 까묵는 소린고

일제 강점기도 살았는데
해방됐다고 뛰던 날 엊그젠데
전쟁터 대포알도 피해 다녔건만
보도연맹 불시호출 피할 수 없었네

자유 민주주의 수호
그릇된 신념이 지은 최악 참상
20세기 최고의 민주주의 체제
사상, 정치가 자유로운 곳에서
6·25 난리통 해괴한 전쟁 또 생겨
백만 명, 진영 인구 20배가
재판 없이 두 눈 뜨고 총 맞았다
슬픈 우리의 자화상이다.

토지개혁 농지개혁

북은 무상몰수 무상분배 신속한 토지개혁
남은 유상몰수 유상분배 신중한 농지개혁

북측은 소유권 아닌 경작권 분배였고
남측은 시간 좀 걸렸지만
지주의 땅 정부가 구매한 후
5년 상환 농민에게 소유권 분배한 것이니

그 차이는 바로
한국전쟁이 증명해 보였다
북쪽이 호언장담하던 농민 봉기
남한 어디에서도 일어나지 않았다
오히려 월남 피난민 숫자 훨씬 많았다

혁명으로 탄생한 소련도
백 년이 채 안 돼 같은 증명 보였다
공산주의 한계 극명히 드러낸 역사
공산은 공상 속에서나 있을 법한 신기루

사유재산 결코 악 아니다

사회주의도 인정해 주는
모든 생명체 본능이기 때문

소유권은 생명의 본능
막을 수 없고 막아서도 안되는 법
남북 국민총생산 차이 여기에 있다.

사랑 어원 가설

사랑은
사람에서 움트는 것
모난 마음 닫힌 미음(ㅁ)
쉼 없이 갈면 사랑 되나니

각진 미음 굳은 마음
댓돌 뚫는 낙숫물처럼
시나브로 정 다독이면
공깃돌처럼 따스한 온기

빗장 걸어 토라진 미음
가슴 깊이 눈물 눅이어
고운 사포질 매만지면
수련잎 이슬로 반짝이나니.

III 부녀의 대화

아버지의 우리말

아버지가 유학 후 진영 돌아와
유별나게 우리말글 매달린 것은
지역 내림일지 모른다
이윤재, 이극로, 최현배, 허웅…
이들은 가히 한글 독립투사니
아버지도 그 길 택했으리라

특히 김해공립보통 출신
한뫼 선생님 함흥형무소 옥사 당시
혹독한 추위와 악형 당했다는 말 듣고
그 아들 조선인 순사 응징 후
월북한 것이 우리의 필연적 역사

내가 국어를 전공하고
부족하지만 시를 끄적였던 것도
이제 보니 지역 내림이었구나
아버지의 유전자 증명이구나
우리말과 글 독립군의 피땀이구나.

기윽, 디읃, 시읏

기역, 디귿, 시옷은
니은, 리을, 미음이나
지읒, 치읓, 키읔처럼
기윽, 디읃, 시읏이 돼야 한다

아이들 글자 힘껏 외칠 때
깔끄러운 이름표 들쭉난 외양
불편했던 한문 시절 소환으로
아픈 손가락 같은 친구 셋

한글로 일제 항거하신
애국 지사 한뫼 눈뫼님
조선어 말살 행패 맞서느라
오장육부 멍들지 않았다면

손주들 생각해서라도
억지로 꿰맞춘 이름 고치고
K-문자 더 쉽게 깔끔이 빚어
캄캄한 문맹 환히 밝혔을 텐데.

아버지의 연인

아버지의 일지는
옛 연인 백 선생님 만나
속초 사흘 머문 곳에서 멈췄다

소설 공부했다 들었는데
일지는 거의 시였다
아마 전쟁 때문이었으리라

이복동생 선규는
두 분 인연의 증표
아버지는 해방전쟁에서
전사한 줄 알고 자랐는데
어머니 임종에야 알게 되었단다
진짜 아버지 엎어지면 코 닿을
북녘 금강산 초입쯤에서
이생의 소풍 멈췄다는
썰물의 소리 들었단다

그리고
선규가 떠듬거리며 잇는 말

아버지는 북에서도 이방인으로
현실에 만족하지 못하고
꿈꾸는 듯한 모습으로
말년의 세월 보냈다는
수풀의 버석거림 기억난다는데

휴전 직후엔
접경 지역 남북 넘나든
특수 요원들 많았다 하니
확증 없어도 무턱대고 믿고 싶다

어머니는 평생 두통 시달리며
틈틈이 해물 따고 국숫집 열어
이제나저제나 오실 아버지
기다리며 유복자 키우셨단다
속초가 영토 이양된 줄 모르고

우주에 무수히 반짝이는 별은
운명한 무수한 사람의 넋
한 사람의 개인사는

별이 되기에 충분한 결정체
백 선생님은 저 하늘
어디쯤에서 별이 되어 빛날까

만날 때부터 당기는 핏줄 선규,
여러 사람 여러 기관 도움받느라
오랜 시간 흐른 뒤 겨우 찾아온
조금은 모자란 듯 낯선 동생과
병 깊은 선경 누나 밤새 추억 밝힌다.

동주길 걸으며

배알도를 뵈러 가는 길
벚꽃 품계석 마냥 반겨주었다

따리 두 번 '별헤는 다리'
향수는 물결되어 일렁거린다

밤새 고독한 북간도 사투리가
남도 거시기로 동주길 흩뿌리고

생명 담보해 유고 품은 마루
결 고운 우정 화신처럼 뭉클하다

수백 리 삶의 질곡 감싸고
망덕 포구 길게 누운 강물처럼

민물 짠물 기수로 손잡고
전어 재첩 자맥질 어울려 도는데

해방된 조국 좌우 분란 그 맘 어떨꼬
연연한 흰그림자 꽃잎으로 저며온다.

호모 미스티쿠스

현생 인류
영장목 호모-사피엔스보다
호모-미스티쿠스 아닐까

안개 낀 강가에서
망상 신비로 갈아 만든
위장크림 오용하는 사람종

네발 달린 짐승이면서
치질 꾸욱 참고 직립해
스스로 만물의 왕 오르셨다

산사태에 풀포기 쓰러지듯
지진에 바다가 산맥 되듯
자연 속 티끌 같은 사람속

적으로 만날까 미리 무서워
사전에 보도 연맹 수갑 채우고
민족 위하는 일이라고 외치며
민족 살상하는 미스티쿠스

적으로 마주칠까 미리 겁먹고
사전에 의용군 차꼬 채워
해방전쟁 명분 씌우고
동족 상잔하는 미스티쿠스

나라 팔고 애국한 척
이웃 배신하고 봉사한 척
권력 훔치고 정의 구현한 척

척의 달인 호모-미스티쿠스
신비하기까지 한 사람종
오 주여,
이들을 불쌍히 여기소서.

아버지의 내자

어머니는 억척같은 사람이었다
태어난 연주年柱 잘못으로
일제강점과 한국전쟁 거쳐 온
한국의 전형적 생활전사 아주머니

궂은일 함께 한 맏이에게조차
남편 얘기 잘 하지 않았지만
진영으로 돌아온 것에 대해선
언젠가 푸념처럼 드러낸 적 있다

아버지는 두어 번 소련제 포베다 타고
고물상 나타나 시선 끌기도 했는데
쌕쌕이 공습 심할 때 집 가는 길
그 포베다 포탄에 박살나는 것 봤단다

아버지의 죽음 확인은 못했지만
그래서 북으로 무작정 갈 순 없었다
동냥을 하더라도 익숙한 데서 해야
아이 셋 키울 수 있겠다 싶었다며 우셨다
결핵 앓다 죽은 둘째 생각에 울컥했겠지

인민재판 살벌한 기억도 한몫했을 것이다

아버지의 아내는
젊은 시절 이혼을 요구하고
대놓고 딴살림 차리는 남의 편
본능적으로 믿지 않았을 수 있다
사회주의 혁명 좋다지만
전쟁 일으켜 사람 죽이는 게
뭐 좋냐며 시큰둥한 표정이었다

어머니는 공산주의 전사 남편
마뜩지 않음 무표정 속에 숨겼고
그 딸은 어릴 때부터 세뇌됐겠지만
멸공웅변 1등상 대단한 반공주의였다
그렇게 아버지의 아내는 혼자서
자식 먹여 살리고 공부도 엔간히 시키고
세습 독재 공산정권의 모순과 무능
증거하는 삶 살다 파란 별이 되셨다.

민주에게

내 사랑 민주, 생일 축하해
세상 많은 남자 중
나랑 결혼해 줘 고마워요

지천명 바라보는 그대 눈매
여전히 맑게 빛나는군
눈동자 속엔 반백 중년 희미한 미소

YH무역 방년 스물한 살의 산화
밤새워 애도한 야당 총재 제명
부마의 함성 속 당신은 태어났지

군사정권 불량 식품 광고 천지
진리 용케 골라 먹고 주경야독 마침내
민주라는 이름 별처럼 밝힌 그대

어두운 밤 당신 오히려 빛나
대한의 골목 환히 비추었지
아이들 넘어지지 않게
다치는 일 없이 잘 다니도록

그대 있어 행복한 나
힘든 여정 큰 도움 못 됐지만
더욱 응원하고 영원히 함께할게
내 사랑 평생 친구 민주.

선택적 역사

아버지는 사회주의자
보도연맹 검속 피해 서울 가
북조선 혁명군 되었다

어머니와 어린 아이들
빨갱이 지적질 주눅 들며
남한 진영에서 살았다

의도한 바 아니지만
결과만 보면 아내는 자본주의
아이들은 두 사상의 침전물

남한에 사는 큰딸
아버지 한사코 이격했고
이복동생 함께 나타난
아버지의 낡은 일지
접하면서 비로소 알았다

역사는 지금도 숨쉬고
발밑에서 꿈틀거리며

혈육 아무리 멀리 밀쳐도
거부할 수 없다는 것

고려 왕조 바꾼 역성혁명
정몽주가 죽음으로 반대한 불충
방원의 칼부림 불효까지 더했지만
세종 한 분 조선 전체 허물 덮었고

몽고의 무자비한 침탈
삼별초 결사 항쟁이나
문신들의 화친 제의도
모두 백성과 국익을 위한 것
대한제국 개화 혹은 쇄국
이 또한 동전의 양면이듯

세월의 격랑 속
무엇이 중한지는 오직 역사만 알뿐
수천 년, 수백 년은 관용하면서
수십 년, 수년은 엄격함이여
선택적 감각의 변화무쌍이여.

세월의 세월은 보약

병실에 누워
색바랜 아버지의 일지 뒤적이다가
귀에 익은 노래 소절 고이 접어본다

'갈매기 울음소리 맘이 설레어
엄마는 모랫길을 달려옵니다'

부옇게 젖어 든 눈 속
선규의 어머니 절뚝이는 잰걸음

백 선생님은 굴 바구니 이고
나의 어머니 갑자기 시침감을 안고
아이들 걱정 가쁜 호흡 내뱉는다

신접살림 아기 재울 때
자장가 웅얼대다 덩달아 졸며
집안일 내게 맡기고 바느질만 찾던
어머니 떠올리고 정말 날 주워 왔었나
자문하며 훌쩍거리던 시절 흐른다

초록빛 바다 파도치는 바위틈
굴 따는 어린 엄마 창가 선생님
다친 머리 가끔 놓치기도 하지만
품속의 아기 젖물리며 곱게 웃는
역사의 슬픈 치마폭 가물거린다
젊은 시절 부르던 노래
새삼 마디마디 애간장 훑는다

한때 이 동요의 작곡가
친일 논쟁에 노래비 건립
시시비비로 요란했지만
어쩌리 이 또한 우리 역사인데
머리는 거부하지만
가슴 절로 반응하는 일
살아보니 참으로 많구나

세월이 약이란 말
나는 늘 거기에 하나 더 보탠다
세월의 세월은 보약이지.

투석 透析

삶이란 것 돌이켜보면
걸러내고 배출하는 일상의 반복

아버지는 북, 어머니는 남
엄마 손 잡고 나선 아이는
매운 빨갱이와 장아찌 연좌제
끼니마다 밥반찬 삼다 보니
신장 찰지게 망가뜨렸다

신원조회 갑류 요시찰 이름표
투명 족쇄 연좌제 흉흉한 동네
괴뢰군은 죄다 채찍 든 늑대라고
웅변 연습하는 친구들 틈에서
소녀는 아버지란 낱말 꾸욱 삼켰다

시퍼렇게 멍든 바늘 자국
시간과 생명 거래하는 투석기
돌아가는 혈액 멍하니 보다
우리 모두 빨갱이려니 중얼거린다
선혈 없이 그 누가 살 수 있으랴

〉

휠체어 뒤 남편 쉰 목소리 밀린다
'오늘도 세상만사 노폐물
깨끗이 투석해 무균질 됐으니
연장된 하루살이 세월
멋지게 그려 보시게나'

문득 그려지는 얼굴 하나
동생 선규 주저하며 다가온 후
아버지는 한결 온화한 눈빛이다
아니 내 눈에 그렇게 보였다

그동안 내게도 보약 같은 세월
꽤 많이 흘렀나 보다.

아버지의 별

월북자 집안, 빨갱이 자식
진저리나는 멸시 손가락질
조여드는 족쇄 벗어나기 위해
나는 지나칠 만큼 방패 앞세웠다

반공웅변대회에 더 피 토했고
글짓기에서 빨갱이를 늑대 만들어
대한민국의 철천지원수
무찔러야 할 야수로 단정지었다

그 덕분인지 모르겠으나
국보위 연좌제 그물망 안 걸리고
다행히 중학 교사 자리 하나 구해
말년을 그럭저럭 지낼 수 있었다

어느 날부터인가
아버지에 관한 추억 어른거리더니
기적처럼 이복동생
낡은 서책 하나 품고 나타났다

그리고 조각들 맞추어졌다
이대로 눈감았으면 나는
아버지 반의반도 모른 채
저승에서 의례적 인사만 나눴으리라

일지 속에서 그는
따뜻한 아버지였고
고민 많던 지식인
목숨까지 던진 애국투사였다

화려한 투쟁 경력이나 학력은
북에서도 높은 자리 가능할 텐데
평양 떠나 금강산 어귀 사신 것은
연인에 대한 애틋함도 있겠지만
혁명 정권 실망도 적지 않았으리

사상 따라 인민 쫓아 떠났지만
정작 자신의 식솔 못 챙긴 아쉬움
사회주의 이상의 현실적 괴리
공화국에서 세습왕조 이어지는 모순

아버지는 번뇌 깊어 별 되기 충분했다

아버지의 혼령 하늘 가는 길
인민의 경제, 인민의 행복
퇴행시키는 일인 독재 성간물질
초신성 탄생에 넉넉했을 것이다.

이주민 수로의 이상향

금바다 언제나 마음속 고향
수로가 쇠로 만든 예단 호미로
아유타 공주 정 심어 키우는 곳

기름진 가야 들판 웃음꽃 만개하고
장유사 범종 소리 골마다 해탈해
수천 리 낙동강 김해로 물든다네

아세안 풀마트 진열대 가득
아유타 한땀 한땀 남국의 향기
수로가 풀무질한 오색 빛 문명

유신 공 삼국통일 하나 된 우리
오랜 세월 만나고 흩어졌어도
비 온 뒤 한마음 새삼 여물구나

금바다,
천국서 이주한 수로의 이상향
먼 옛날 푸른 꿈결 헤쳐 온
아유타 사랑터 우리들 고향.

동경

좋아도 내 부모 싫어도 내 부모
잘나도 내 자식 못나도 내 자식
조국도 그런 류 아닐까
태어나 보니 속해진 나라

역사는 늘 승자 편
하지만 세월은
패자도 승자로 치유한다
기억할 유일한 것은
앞을 보려는 마음
역사를 거울로 반추하는 일
내일 담보할 때만 가치 있다

반만년 역사 속
신라, 고려 승자면서 패자였고
조선도 대한민국도 그럴 것이다

한국 다음의 국명은 뭘까
코리아, 조선 연방국,
혹은 열린 한반도

〉
신라 귀속된 수로 후예 유신의 가야
김해박물관 동경에게 물어 본다
거울아 거울아
어떤 국명이 제일 좋으니?

침묵은 은, 웅변은 금

여든 넘겨 살면서
죽음 앞에 두려움 사라졌지만
나는 지금도 무슨 단체 서명
정치 이념이나 사상 관련에는
막연한 주저를 느낀다

침묵 뒤에 숨기고픈 본능
어디서 싹트는지 비로소 알았다
아버지의 일지 읽으며
부녀의 시공 엇물린 대화
피부에 남아있는 상흔 보았다

나서지 마 골로 간다,
나라 시키는 대로 해라,
그런 말 밖에서 하지 마라,
생각이 빨갱이네 공갈치지 마,
설치다가 죽는다

대개는 하지 말라는 단속
자유로운 토론에 대한 경계

보복과 낙인에 대한 두려움
좌우 이분법적 사고와 비난

이제는 툴툴 털고 일어설 때
생각 달라도 틀린 것 아니고
얌전이 예의 바른 것 아니고
침묵보다는 웅변 당연히 금이다

하고 싶은 말 있으면 편히 하고
다른 의견 나오면 귀 기울이고
세상의 모습 좌우 상하 전후
관점 따라 다양하게 보이나니

일제강점기
한국전쟁 냉전시대
군사정권 좌우대립에
굳어진 침묵의 퇴적물
함께 안은 온기로 녹여졌으면.

금시작비 今是昨非

화목토 다음은 그나마 살만한 날
오랜만에 남의 편 내 편 만들어
더 늦기 전 금시당 바람쐬러 나섰다

타관 객지 낯선 곳 시집온 새 각시
남들 부러워하는 조합서기 신랑 졸라
밀양강 더위 팔고 소풍 갔다던
어머니 단골 회고담의 산 같은 노거수

당호와 오백 년 은행나무
어쩌면 이다지도 잘 어울릴꼬
어머니의 감탄 아버지의 흠모
어제의 과도한 칭송으로 돌리고

오늘 올바르게 가지 펼치고 섰다
흥하던 조선 망하고, 일제가 망하고
성공한 쿠데타도 결국 패망하는 역사
가진 것 지키려는 순간 도전 맞는 순환

북에 살면서 혁명 권력 지켜본 아버지

금시당 설명 끄덕이던 각시 그리웠을까
어제의 잘못 돌이켜 옳게 사는 지혜
암흑 속 빛 같았던 사회주의
불구대천 미움도 분열마저도
한 시절 까마득히 지나노라면
바르게 잡힌다는 잠언 들었을지 몰라.

오늘은 어제의 내일

사람은 죽어 별이 된다고 한다

삶이란 본디 힘드니 생존이 곧 업적
밤하늘 별 되어 어둠 밝힐만한 것
별이 수많은 이유도
그동안 수없이 많은 사람
일생을 마쳤기 때문이란다

저간에 진영서 떠오른 별 많았다
지주 진영, 소작 진영
우익 진영, 좌익 진영
진영이란 단어 붙은 것만으로
수많은 사람 죽어 나갔다

금병산 보석 같은 별
열 폭 병풍 빛의 향연
밤늦도록 눈망울 반짝이며
전설의 탄생 밤하늘 수놓는다

진영陣營으로 나뉜 마을이

위대한 영웅 대동으로 공글려
영원히 전진하는 진영進永으로
완성된다는 행복한 결말

진영에 힘들고 의로운 삶 많고
진영의 오늘
어제의 내일로 산 영웅 많아
별이 그 수만큼 반짝인다는 전설
나는 진실로 믿는다

저렇게 불 밝히는 별들
바라보고 있으면 저절로 믿어진다
선달바위 너머 영롱한 녹색 별
치어다 보면 믿지 않을 수 없다.

작가마을
시인선
074

― 오늘은 어제의 내일 정보암

해설
세기의 서사시
(조승래 시인)

발문
서정적 감성으로 역사적 교훈 담아
(김광호 김해독립운동기념사업회장)

추천사
은유적 서사로 펼친 우리들의 이야기
(심용주 경남향토사연구회 김해지회장)

◆ 해설

세기의 서사시

조승래 (시인)

　이 시집은 일본 강점기부터 현재까지 근 100년의 세월 동안 전개되는 서사시이다. 역사 속 한 인간의 비애를 시인의 시선으로 인해 다시 살펴보고 공감하게 한다. 아버지의 시점, 딸의 시점 및 객관적 관찰자 시점이 세 개의 부별로 교차하면서 역사적 사실을 다양하게 해석해 보게 한다. 「사랑을 놓친 딸에게」라는 시에서 실연한 딸의 남자 친구 '민수는 착하구나 옥이랑 잠깐 사귀다／ 아니다 싶으면 다시 온다 했다지?／ 오늘 밤은 다 잊어버리고／ 한숨 푹 자려무나／ 내일 아침 밝은 해 뜰 거야.'라는 표현으로 이념이 정립되면 다시 돌아올 수 있음을 복선으로 보여주고 있다.

　시집에서 아버지는, 사람들이 배우고 깨우치는 것이 일제 강점에서 벗어날 수 있는 길이라 생각하여 야학을 세우고 의식적 독립운동을 했고, 옥살이도 하며 법정에서 일본의 부당함을 항변하기도 했다. 후에 광복이 되고 동란이 일어나기 전까지는 공산주의 이론으로 모두가 잘사는 길을 모색했으나 아버지는 빨갱이로 몰리게 되고 가족을 버리고 전쟁 발발 후 월북하게 된다. 남은 가족이 연좌제 고통에서 벗어나려고 '멸공 웅변대회'에도 열성을 보이지만 편견에 고개 숙이고 살아야만 했던 고통을 시의 여러 편에서 살필 수가 있다.

「횃불」과 「철창」에서 '일본인 조선인 판이하게 차별화하려면 왜 두 나라를 병합시켰으며 도조 매기고 거기다 소작까지 떼어 버리는데 찍소리 한번 못하고 까부라질 사람 어디 있겠노'라며 분노를 보이며, 유학에서 돌아온 아버지는 제일 먼저 야학을 세웠다. 「야학」에서 '어른도 드문드문 보이는 자리 배움 향한 열의' 창고가 후끈했고, 칠판에 쓴 '배워야 산다'를 땅바닥 앉은 입들이 함께 소리 냈다. 「희망」에서 '배워야 산다 아는 것이 힘이다… 우리는 쉬운 한글 있으니, 김해에 한글 선생님 많으니 조금만 노력하면 가능성 충분하다', 「항심회」에서 '눈앞에서 불공정 목격 학생들 일본놈 물러가라'라고 소리 질렀다.

「편안한 구속」에서 '재판장서 일황 반박하고 대동아전쟁 필패 외치고 무력이 앞서면 무력으로 망한다 조선의 격언 최후 진술했으니 왜놈 법정이지만 반분은 푼 셈이다'고 했고, 「귀향」에서 '독립투사 말석이라도 얻었으니 이제는 혁명 투사 될 시간'이라 하며 「다짐」에서 '혁명은 사상 교육의 열매 내가 무지에서 벗어났던 것처럼 배워야 자신의 사상 심을 수 있다'는 의지를 보이고 있다. 아버지는 양반 상놈 구분 없고 소작 지주 차별 없이 같이 배부르고 같이 행복하게 일제에 저당 잡힌 자유 되찾아 모두 활짝 웃는 꽃밭 만드는 꿈을 가지셨다. 또한 혁명을 택한 이유는 「불길」에서 '천형 바로잡기 쉬운 일 아니기' 때문이라 했다. '배워야 산다 배워서 키운 힘이 나를 살리고 민족도 지킨다'라는 의지가 확고했다.

이념으로 몰아가서 사람을 사지로 떠밀었지만, 공감의 시점에서 볼 필요가 있음을 시집은 일관되게 객관적 언술로 유지된다. 간단히 운명으로 단정할 수만은 없다. 「동경」에서 '좋아도 내 부모 싫어도 내 부모 잘나도 내 자식 못나도 내 자식 조국도 그런 류 아닐까 태어나 보니 속해진 나라'인데 태어나 보니 누구의 손에는 흙수저, 누구의 손에는 금수저 아닌가. 어쩌란 말인가 하는 한탄이 아니라 개척해야 함을 암시하는 것으로 보인다. 「변덕」에서 '나라가 죄 없고 힘없는 사람 두 번 죽인 거라 그거이 더 원통하제 해방되고 농지 준다 해서 남로당 지장 찍었고 보도연맹 들면 혜택 많대서 역시 지장 찍은 건데 그 변덕에 애먼 놈만 작살났던 것이제'라는 넋두리와, 「삼남 킬링 필드」에서 '쌀 나눠 먹자는 구호 똑같건만 어떨 땐 애국자 어떨 땐 빨갱이라니 이 무슨 귀신 씻나락 까묵는 소린고'도, 「낙인」에서 '생명까지 빼앗다니 어처구니없다는 말도 부족하다 이웃 먼저 챙기면 빨갱이인가 마을 송덕비 주인공들 부처 예수 공자 가뭄에 곳간 연 최부자도 빨갱이 낙인찍으면 빨갱이 됐을 것이다. 그 시절 그래서 더 무서웠던 것이다.'로 봐도 충분히 이해할 수 있는 것이다.

「아버지」에서는 '남들처럼 잘 먹이지 않고 남들만큼 공부도 안 시켰다고 무엇보다 왜 하필 월북 빨갱이가 돼 가족 힘들게 했는지만 원망했는데'라고 그 문제의 가족이 겪는 마음을 살필 수 있다.

딸의 혼잣말에서 「아버지의 우리말」을 보면 '아버지가 유학 후 진영 돌아와 유별나게 우리말글 매달린 것은 지역 내림일지 모른다 이윤재, 이극로, 최현배, 허웅…이들은 이른바 한글 독립투사니 아버지도 그 길 택했으리라'와, 「아버지의 내자」에서 '그렇게 아버지의 아내는 혼자서 자식 먹여 살리고 공부도 엔간히 시키고 세습 독재 공산정권의 모순과 무능 증거하는 삶 살다 파란 별이 되셨다.'는 어머니의 고통도 짐작하게 한다. 「선택적 역사」에서 '선택적 감각의 변화무쌍이여'와 「투석透析」에서 '투석기 돌아가는 혈액 멍하니 보다 우리 모두 빨갱이려니 중얼거린다 선혈 없이 그 누가 살 수 있으랴'라는 표현이 뭉클하다.

이제 오늘을 사는 우리들이 지혜롭게 인식하고 수용할 필요가 있다. 「아버지의 별」에서 '사상 따라 인민 쫓아 떠났지만 정작 자신의 식솔 못 챙긴 아쉬움 사회주의 이상의 현실적 괴리'에서 아버지는 저 하늘의 별이 되기에 충분했다고 시인은 말한다. '하고 싶은 말 있으면 편히 하고 다른 의견 나오면 귀 기울이고… 침묵의 퇴적물 따뜻한 소통으로 차근차근 눅였으면' 좋겠다고 「침묵은 은, 웅변은 금」에서 말한다. 「오늘은 어제의 내일」에서 '진영이란 단어 붙은 것만으로 수많은 사람 죽어 나갔다…. 진영陣營으로 나뉜 마을이 위대한 영웅 대동으로 공글려 영원히 전진하는 진영進永으로 완성된다는 행복한 결말 진영에 힘들고 의로운 삶 많고 진영의 오늘을 어제의 내일로 산이 많아 별이 그 수만큼 반짝인다는 전설 나는 진실로 믿는다'라는 것이 시인의 해석이다.

> 배알도를 뵈러 가는 길/ 벚꽃 품계석 마냥 반겨주었다// 따리 두 번 '별헤는 다리'/ 향수는 물결되어 일렁거린다// 밤새 고독한 북간도 사투리가/ 남도 거시기로 동주길 흩뿌리고// 생명 담보해 유고 품은 마루/ 결고운 우정 화신처럼 뭉클하다// 수백 리 삶의 질곡 감싸고/ 망덕 포구 길게 누운 강물처럼// 민물 짠물 기수로 손잡고/ 전어 재첩 자맥질 어울려 도는데// 해방된 조국 좌우 분란 그 맘 어떨꼬/ 연연한 흰그림자 꽃잎으로 저며온다.
>
> -「동주길 걸으며」, 전문

이 시는 광양의 정병욱이 그의 가옥에 윤동주의 육필원고를 '생명 담보해' 보존하였기에 오늘의 시인 윤동주가 있다는 사실을 시인이 상기시키는 것이다. 갈망하던 광복은 되었지만 남과 북으로 나누어진 것도 모자라서 좌와 우로 사람들의 생각이 나누어져 분란을 일으키고 있음을 그들은 아시기나 하는지, 꽃잎처럼 저며오는 현실을 안타깝게 생각하는 시인의 마음을 엿볼 수 있다.

◆ 발문

서정적 감성으로 역사적 교훈 담아

김광호
(김해독립운동기념사업회장)

추억을 소환하는 것은 여러 감정을 갖게 한다.
먼 곳이든 가까운 곳이든 막론하고
굳이 기억과 추억의 모호한 경계선에 위치한
느낌이 주는 것들은 그래서 그냥 애틋하다.

느낌에 따라 시나브로 한편의 근현대사를 접한 듯한
선생의 시집 발문을 부탁받고 과연 내가 그럴 자격이
있는가를 반문해 보았지만 이내 생각을 고쳐먹었다.

지난해 시조 시인 고천(古川 박덕규)을 떠나보내고
동향의 시인 선생을 만났으니 오고 감이 둘이 아니란
옛 선사禪師의 말씀이 떠올라 가만히 웃음 머금는다.

간간이 눈물을 훔치며 읽어 가다 때로는 분노했던
선생의 시는 시 본연의 감성 넘어 왠지 모를 반가움으로
마음 깊숙이 나를 흔들어 놓았기 때문이리라.

서정적 감성에 역사의 교훈을 담고
근현대를 조망하는 교육적 효과까지 더했으니
선생의 시는 삼박자를 두루 갖춘 이 시대 K-트로트와
같다.

한 편의 시를 읽으며 행복감을 느낀 지 이 얼마 만인가!
참으로 즐겁고 기분이 좋아 가을 하늘이 더욱 정겹다.

◆ 추천사

은유적 서사로 펼친 우리들의 이야기

심용주
(경남향토사연구회 김해지회장)

지금까지 고향을 지키고 진영 발전의 일익을 맡으며 일하는 내게 늘 특별한 느낌의 존재가 있다. 한국의 대소설가 김원일의 아버지와 한얼학교 설립자 강성갑 목사님이시다. 김원일의 부친은 일제 때 애국투사였지만 광복 후 이름에 빨간 점 찍혀 월북했다. 강성갑 선생은 부산 큰 교회 목사였지만, 초빙받은 진영에서 벽돌을 직접 찍어 학교를 짓는 교육 선구자로 칭송이 자자했다. 그러다가 한국전쟁 때 보도연맹 검속으로 총살을 당했다. 두 분의 가족은 보이지 않는 '연좌제'에 갖은 고생을 다 했고 지금도 우리와 함께 오늘을 살고 있다.

고향 땅은 지명이 '진영'이라 그런지 아직도 진영(陣營)에 관한 논란이 더러 있다. 물론 이것은 경남의 문제, 나아가 나라 전체의 문제이기도 하다. 우리 모두가 풀어야 할 숙제일 것이다.

그래서 나는 이 시집을 적극 추천하고 싶다. 근현대사의 소용돌이를 직접 거쳐온 경험자로서 시를 읽으며 느꼈던 공감, 애절한 마음, 안타까움을 독자들과 공유했으면 좋겠다. 우리의 어제를 은유적 서사로 감명하고 희망찬 내일을 함께 얘기한다면 얼마나 근사할까 하는 바람이다.

 자유민주주의를 지켰던 사람, 생각이 남달랐던 사람, 친일이든 반일이든 당대를 함께 한 모든 사람이 어떤 형태로든지 힘을 합쳐 만든 결과가 오늘의 대한민국이다. 한때 뭔가를 선호하고 뭔가에 신명을 바친 여정은 결국 치열하게 쌓은 개인의 삶이다. 그것은 죽어서 하늘의 별이 되기에도 충분할 것이다. 이 아름다운 서사시를 꼭 읽어 보라고 새삼 권하는 이유다.